Zum Zwergendorf

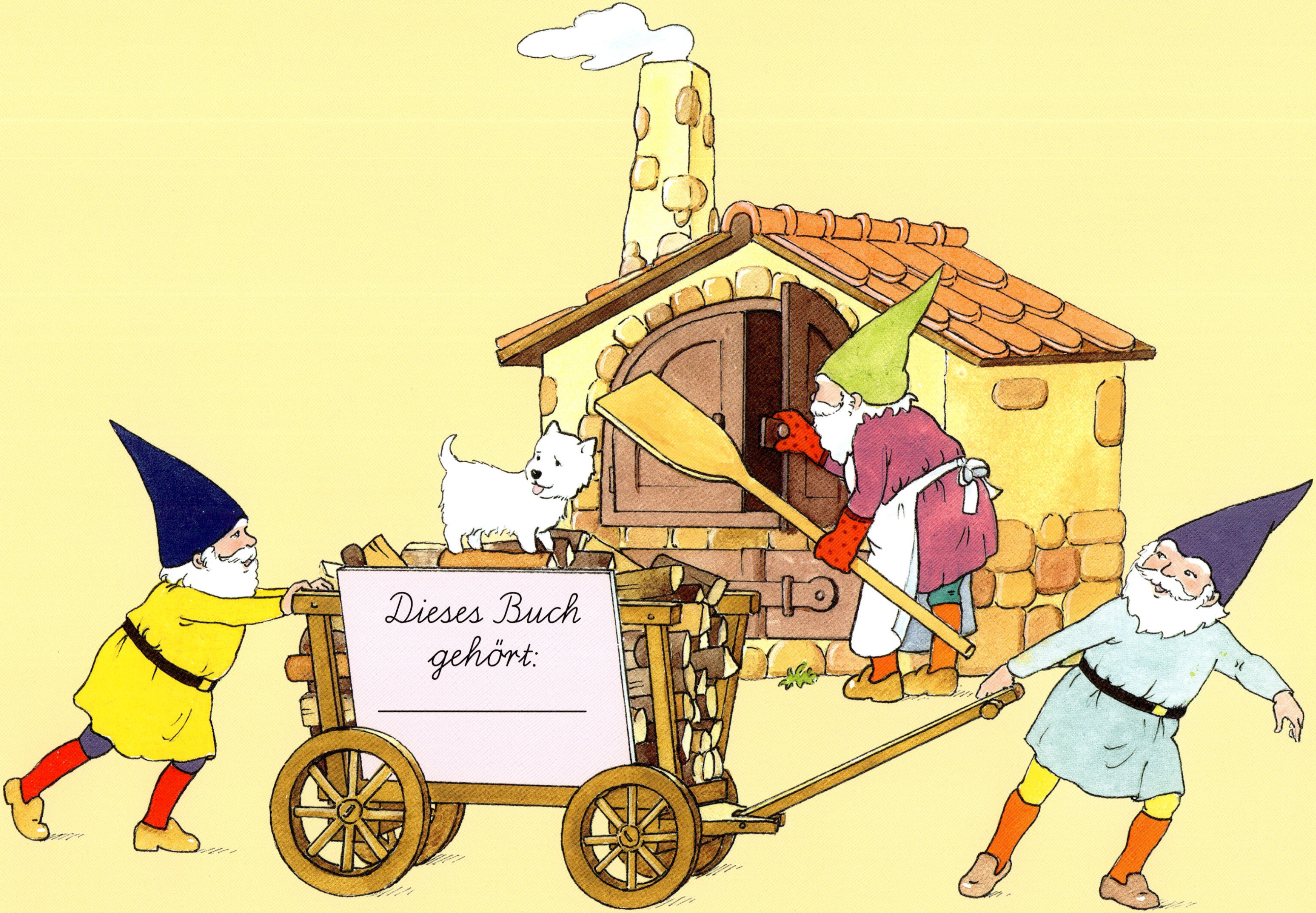
Dieses Buch
gehört:

Zwergenstübchen

Zwergenstübchen

Bäckerei

Kaufmann Verlag

Liebe Zwergenstübchen-Freunde

Backen ist die große Leidenschaft der Zwerge. Aus diesem Grund haben sie die Bäckerei überarbeitet, mit einigen neuen Rezepten bestückt und mit liebevollen Illustrationen versehen. Im ersten Teil finden sie die Pikante- und im zweiten die Süße Bäckerei. Wie wäre es nun mit einem leckeren Petersilienkuchen oder einer köstlichen Schokoladen-Torte ...

Bestimmt haben Sie genauso viel Freude wie die Zwerge an der neuen Bäckerei-Ausgabe.

Viel Glück beim Backen
wünscht Ihnen die Zwergenschar sowie

Elke und Timo Schuster

OBSTTÖRTCHEN

Zutaten:

Teig:

250 g Mehl

$^{1}/_{4}$ Teelöffel Backpulver

80 g Zucker

1 Päckchen Vanillezucker

2 Eigelb

125 g Butter

Belag:

Früchte der Saison (nach Belieben einzuckern)

oder Dosenobst (abtropfen lassen)

1 Becher süße Sahne

1 Päckchen Vanillezucker

1 Päckchen Sahnesteif

12 Torteletttförmchen

Zubereitung:

Alle Teigzutaten zu einem Mürbteig verarbeiten. Nach dem Kaltstellen den Teig auf einer bemehlten Arbeitsfläche knapp $^{1}/_{2}$ cm dick auswellen. Mit einem Torteletttförmchen 12 Kreise ausstechen und diese in gefettete Förmchen legen.

Im vorgeheizten Backofen bei 200 Grad ca. 15 Minuten backen. Die Torteletts aus den Förmchen nehmen und auf einem Kuchengitter auskühlen lassen. Die mit Vanillezucker und Sahnesteif geschlagene Sahne auf die Törtchen geben, darüber das Obst verteilen.

PIKANTER KUCHEN

Zutaten:

Teig:

250 g Mehl

$^{1}/_{2}$ Würfel Hefe

etwas Salz

$^{1}/_{8}$ l lauwarmes Wasser

2 Esslöffel Sonnenblumen-Öl

Belag:

2 Becher Crème fraîche

etwas Salz und Pfeffer

2 kleingeschnittene Zwiebeln

300 g kleingewürfelter, durchwachsener Speck

Zubereitung:

Aus den Teigzutaten einen Hefeteig herstellen. Nach dem Gehen lassen den Teig auf einer bemehlten Arbeitsfläche auswellen und auf ein gefettetes Backblech legen.

Für den Belag Crème fraîche verrühren, würzen und auf den Teigboden streichen. Darüber Zwiebeln und Speckwürfel verteilen. Im vorgeheizten Backofen bei 200 Grad ca. 30 Minuten backen.

KNUSPERECKEN

Zutaten:
120 g Mehl
etwas Salz und Pfeffer
100 g geriebener Hartkäse
80 g gemahlene Mandeln
1 Esslöffel Essig
100 g Butter

1 zerschlagenes Eigelb
1 Esslöffel gemahlene
Mandeln

Zubereitung:
Alle Zutaten zu einem glatten Teig kneten, kaltstellen. Danach den Teig auf einer bemehlten Arbeitsfläche ca. $^{1}/_{2}$ cm dick auswellen. Die Teigplatte mit Eigelb bestreichen, Mandeln darüberstreuen.

Diese in Dreiecke schneiden und auf ein mit Back-Trennpapier ausgelegtes Backblech legen. Im vorgeheizten Backofen bei 180 Grad ca. 20 Minuten backen.

PETERSILIENKUCHEN

Zutaten:

Teig:
300 g Mehl
1/2 Würfel Hefe
etwas Salz
1/8 l lauwarme Milch
100 g Butter

Belag:
2 Becher saure Sahne
1 Esslöffel Quark
2 Eier
1 Esslöffel Mehl
etwas Salz und Pfeffer
3 Bund feingehackte Petersilie
200 g kleingewürfelter, durchwachsener Speck

Zubereitung:
Aus den Teigzutaten einen Hefeteig herstellen. Nach dem Gehen lassen den Teig auf einer bemehlten Arbeitsfläche auswellen und auf ein gefettetes Backblech legen.

Für den Belag saure Sahne, Quark, Eier, Mehl, Salz und Pfeffer verrühren, auf den Teigboden geben, glattstreichen. Darüber Petersilie und Speckwürfel verteilen. Im vorgeheizten Backofen bei 200 Grad ca. 30 Minuten backen.

SONNENBLUMENBROT

Zutaten:

Teig:

500 g Mehl

1 Würfel Hefe

1/2 Teelöffel Zucker

1/8 l lauwarmes Wasser

2 Teelöffel Salz

5 Esslöffel Sonnenblumen-Öl

150 g Sonnenblumenkerne

1 Eigelb

1 Esslöffel Sonnenblumen-Öl

1 Teelöffel Wasser

30 g Sonnenblumenkerne

Zubereitung:

Aus den Teigzutaten einen Hefeteig zubereiten. Die Sonnenblumenkerne vor dem Untermengen leicht rösten. Den Teig so lange gehen lassen bis er sich verdoppelt hat. Anschließend auf einer bemehlten Arbeitsfläche gut durchkneten und zu einem runden Brot auswellen. Dieses auf ein gefettetes Backblech legen, nochmals 15 Minuten gehen lassen. Mit dem Glas oder einer runden Ausstecherform von 8-10 cm Ø einen Kreis in die Mitte des Brotes drücken. Den Brotrand in acht gleich große Teigflächen aufteilen. Nun den Teig entsprechend vom Rand bis zum eingedrückten Kreis durchschneiden. Danach Eigelb, Öl, Wasser verquirlen, das Sonnenblumenbrot damit bestreichen. Zum Schluss den Kreis in der Brotmitte mit Sonnenblumenkernen ausfüllen. Im vorgeheizten Backofen bei 200 Grad ca. 45 Minuten backen.

KOHLKUCHEN

Zutaten:

Teig:

300 g Mehl
1/2 Würfel Hefe
1/2 Teelöffel Zucker
1/8 l lauwarme Milch
1 Ei
1/2 Teelöffel Salz
50 g Butter

Belag:

1 kleiner Weißkohl
150 g durchwachsener Speck
2 Esslöffel Öl
3 Eier
1 Becher saure Sahne
1 Teelöffel Salz
1 Esslöffel Kümmel

Zubereitung:

Alle Teigzutaten zu einem Hefeteig verarbeiten. Diesen so lange gehen lassen bis er sich verdoppelt hat. Für den Belag Weißkohl fein hobeln, zusammen mit dem kleinwürfelig geschnittenen Speck in Öl andünsten. Eier, Sahne, Salz und Kümmel verquirlen. Die etwas abgekühlte Kohlmasse unterrühren. Den ausgewellten Teig in eine gefettete Kuchenform legen. Darauf den Belag geben, glattstreichen. Im vorgeheizten Backofen bei 200 Grad ca. 45 Minuten backen.

KÄSESTANGEN

Zutaten:
100 g Butter
1 Ei
100 g geriebener Hartkäse
120 g Mehl
1 Messerspitze Backpulver
etwas Salz und Paprika

Spritzbeutel mit gezackter Tülle

Zubereitung:
Butter schaumig schlagen, das Ei einrühren. Löffelweise den Käse und das mit Backpulver vermischte Mehl unterrühren, würzen. Diese Masse in einen Spritzbeutel füllen. Auf ein mit Back-Trennpapier ausgelegtes Backblech ca. 10 cm lange Stangen spritzen. Im vorgeheizten Backofen bei 175 Grad ca. 15 Minuten backen.

Die Käsestangen können vor dem Backen, je nach Geschmack, mit Kümmel, Mohn, Sesam oder Paprikapulver bestreut werden.

KRÄUTER-TOPFBROT

Zutaten:
500 g Mehl
1 Würfel Hefe
1/2 Teelöffel Zucker
1/4 l lauwarme Milch
2 Eigelb
40 g Butter
1 1/2 Teelöffel Kräutersalz
1 Bund Petersilie
1 Bund Schnittlauch
1/2 Bund Dill
Milch zum Bestreichen

einige Tonblumentöpfe

Die Blumentöpfe vor Gebrauch einige Stunden in kaltes Wasser legen, danach abtrocknen, gut einfetten. Wegen des Blumentopfloches aus Back-Trennpapier jeweils entsprechend große Kreise schneiden und als Boden einlegen.

Nun aus den Teigzutaten einen Hefeteig herstellen. Zum Schluss die kleingehackten Kräuter in den glatten Teig einarbeiten. Bei Zimmertemperatur zugedeckt so lange gehen lassen, bis er sich verdoppelt hat.

Danach in jeden Blumentopf eine Teigkugel geben (die Blumentöpfe etwas mehr als die Hälfte mit Teig füllen), nochmals etwa 15 Minuten gehen lassen, mit Milch bestreichen. Im vorgeheizten Backofen bei 200 Grad ca. 45 Minuten backen. Anschließend die Kräuterbrote nach etwa 15 Minuten aus den Töpfen nehmen und zum Auskühlen auf ein Kuchengitter stellen.

PIKANTES BLÄTTERTEIG-GEBÄCK

Bei allen Gebäck-Rezepten den Blätterteig auf einer bemehlten Arbeitsfläche rechteckig, dünn auswellen. Entsprechend den jeweiligen Rezepten weiterverarbeiten.

Zum Schluss die einzelnen Gebäcksorten auf die mit Back-Trennpapier ausgelegten Backbleche geben und im vorgeheizten Backofen bei 220 Grad ca. 10–15 Minuten backen.

… mit Allerlei

Zutaten:
200 g Blätterteig
1 Eiweiß
80 g geriebener Hartkäse
etwas Kümmel,
Sesam, Mohn

Zubereitung:
Die Teigplatte mit leicht geschlagenem Eiweiß bestreichen. Diese mit dem Teigrädchen in Rechtecke von etwa 8 × 10 cm schneiden. Jeweils die untere Hälfte jedes Rechtecks mit Käse und evtl. Kümmel bestreuen. Die obere Hälfte darüberklappen, die Ränder dabei fest andrücken. Auf die Gebäck-Oberfläche leicht geschlagenes Eiweiß streichen, Sesam oder Mohn darüberstreuen und auf ein Backblech legen.

… mit Käse

Zutaten:

200 g Blätterteig

1 Eiweiß

150 g geriebener Hartkäse

evtl. etwas Kümmel

Zubereitung:

Die Teigplatte mit leicht geschlagenem Eiweiß bestreichen, darauf den Käse verteilen und andrücken. Je nach Geschmack noch etwas Kümmel darüberstreuen.

Die Teigplatte waagerecht in der Mitte durchschneiden. Aus beiden Teigplatten jeweils etwa 1 cm dicke Streifen mit dem Teigrädchen schneiden. Jeden Streifen der Länge nach locker, spiralförmig drehen und auf ein Backblech legen.

… mit Körnchen

Zutaten:

200 g Blätterteig

1 Eiweiß

etwas Kümmel und

grobes Salz

Zubereitung:

Die Teigplatte mit leicht geschlagenem Eiweiß bestreichen. Kümmel und Salz darüber verteilen. Mit dem Teigrädchen Quadrate von etwa 6 × 6 cm schneiden und auf ein Backblech legen.

… mit Rosmarin

Zutaten:

200 g Blätterteig

2 Esslöffel Rosmarin

100 g durchwachsener Speck

Zubereitung:

Rosmarin auf die Teigplatte streuen, mit dem Wellholz leicht andrücken. Darauf den in kleine Würfel geschnittenen Speck verteilen. Beide Teig-Längsseiten jeweils bis zur Mitte einrollen. Von der so entstandenen Doppelrolle etwa 1 cm dicke Scheiben abschneiden und auf ein Backblech legen.

WINDBEUTEL-VARIATIONEN

Zutaten:
Brandteig:
1/4 l Wasser
50 g Butter
1 Prise Salz
150 g Mehl
5 Eier
1/2 Teelöffel Backpulver

Schinken-Windbeutel:
75 g feingeschnittener, gekochter Schinken

Käse-Paprika-Windbeutel:
50 g geriebener Gouda
1 Teelöffel Paprikapulver

Frischkäse-Windbeutel:
100 g Frischkäse
3 Esslöffel süße Sahne
3 Esslöffel kleingeschnittener Schnittlauch

Zubereitung:
Wasser in einen Topf geben, mit Butter und Salz aufkochen. Das Mehl auf einmal dazu schütten und bei kleinster Hitze solange rühren, bis sich der Teig als Kloß vom Topfboden löst. Den heißen Teig in eine Schüssel geben und ein Ei nach dem anderen unterrühren. Mit dem letzten Ei wird das Backpulver zugefügt. Nun den Teig in drei gleich große Portionen teilen. Diese werden als Schinken- und Käse-Paprika-Windbeutel weiterverarbeitet. Hierzu mischt man unter einen Teil den Schinken, unter den anderen Käse und Paprikapulver. Die letzte Portion erhält keine Zutaten, sondern wird nach dem Backen mit der Frischkäsecreme gefüllt (Frischkäse, Sahne und Schnittlauch cremig rühren). Mit Hilfe von zwei Teelöffeln auf ein mit Back-Trennpapier ausgelegtes Backblech kleine Häufchen setzen.

Die Windbeutel im vorgeheizten Backofen bei 200 Grad ca. 30 Minuten backen. Die fertigen Schinken- und Käse-Paprika-Windbeutel auf einem Kuchengitter auskühlen lassen. Die anderen Windbeutel mit einer Schere aufschneiden, abkühlen lassen, mit der Frischkäsecreme füllen und wieder abdecken.

STOCKBROT

Zutaten:
450 g Mehl
1 Teelöffel Salz
2 Teelöffel Backpulver
200 ml Milch

Zubereitung:
Mehl, Salz und Backpulver in einer Schüssel vermischen. Nach und nach Milch dazugeben, alles zu einem glatten Teig kneten. Aus kleinen Teigstückchen dünne Rollen formen, locker als Spirale um die Stockspitze wickeln und durch Drehen über der Glut backen.

ZUCCHINIKUCHEN

Zutaten:
4 Eier
500 g brauner Zucker
225 g gemahlene Haselnüsse
$^{1}/_{4}$ l Öl
450 g Mehl
$^{3}/_{4}$ Teelöffel Backpulver
$^{3}/_{4}$ Teelöffel Natron
1 $^{1}/_{2}$ Teelöffel Zimt
450 g geschälte, geraspelte Zucchini

Kuvertüre

Zubereitung:
Eier, Zucker schaumig schlagen. Haselnüsse, Öl dazugeben, gut verrühren. Mehl, Backpulver, Natron, Zimt vermischen, löffelweise einrühren und die Zucchini unterheben. Den Teig gleichmäßig auf ein mit Back-Trennpapier ausgelegtes Backblech streichen. Im vorgeheizten Backofen bei 200 Grad ca. 35 Minuten backen. Den ausgekühlten Kuchen mit der im Wasserbad geschmolzenen Kuvertüre überziehen und in Stücke schneiden.

MÖHRENTORTE

Zutaten:
6 Eigelb
2 Esslöffel lauwarmes Wasser
260 g Zucker
300 g geriebene Möhren
300 g gemahlene Mandeln
40 g Speisestärke
1/2 Teelöffel Zimt
abgeriebene Schale und
Saft einer Zitrone
6 Eiweiß

Dekoration:
z. B. Puderzucker
weiße Kuvertüre oder
Schokoladenglasur
kleine Marzipanmöhren

Zubereitung:
Eigelb, Wasser und Zucker schaumig schlagen. Möhren dazugeben und gut mitrühren. Die Hälfte der Mandeln, Speisestärke, Zimt, Zitronenschale und -saft einrühren. Das steifgeschlagene Eiweiß mit den restlichen Mandeln unter die Teigmasse heben, in eine mit Back-Trennpapier ausgelegte Springform füllen.

Im vorgeheizten Backofen bei 175 Grad ca. 1 Stunde backen. Danach die Torte auf einem Kuchengitter auskühlen lassen.

Das Back-Trennpapier entfernen und die Möhrentorte beliebig verzieren, z. B. Puderzucker darüberstäuben oder mit Kuvertüre bestreichen. Zum Schluss die Marzipanmöhren anordnen.

ZWERGENKÜCHLEIN

Zutaten:
(ca. 25 Küchlein)

Teig:
500 g Mehl
1 Würfel Hefe
$^1/_8$ l lauwarme Milch
100 g weiche Butter
100 g Zucker
2 Päckchen Vanillezucker
1 Ei
125 g Quark

3 Esslöffel Milch zum Bestreichen
150 g Hagelzucker

Zubereitung:
Alle Teigzutaten zu einem Hefeteig verarbeiten. Aus dem Teig etwa 25 Küchlein mit ca. 6 cm Ø formen. Diese auf mit Back-Trennpapier ausgelegte Backbleche setzen (nicht zu eng nebeneinander), nochmals 15 Minuten gehen lassen.

Danach mit Milch bestreichen und Hagelzucker darüberstreuen. Die Zwergenküchlein im vorgeheizten Backofen bei 175 Grad ca. 20 Minuten backen.

Vanille-
zucker
Back-
pulver
KAKAO
MEHL
Zucker
Quark
Vanille-
pudding

QUARKKUCHEN

Zutaten:

Teig:

360 g Mehl
1 Päckchen Backpulver
40 g Kakao
200 g Zucker
2 Eier
200 g Butter

Belag:

125 g Butter
200 g Zucker
1 Päckchen Vanillezucker
3 Eigelb
500 g Quark
1 Päckchen Vanillepudding-pulver
3 Eiweiß

Zubereitung:

Aus den Teigzutaten einen Mürbteig zubereiten, kaltstellen. Für den Belag Butter schaumig schlagen, nach und nach Zucker, Vanillezucker und Eigelb einrühren. Quark und Vanillepuddingpulver zufügen, alles gut verrühren. Das steif geschlagene Eiweiß unter die Masse ziehen. Nun $^{2}/_{3}$ des Teiges auf einer bemehlten Arbeitsfläche auswellen und in eine gefettete Springform legen. Die Quarkmasse darauf geben, glattstreichen. Den restlichen Mürbteig zu Streuseln zupfen und über dem Kuchen verteilen. Im vorgeheizten Backofen bei 175 Grad ca. 1 Stunde backen.

KOKOSKUCHEN

Zutaten:

150 g Butter
150 g Zucker
1 Päckchen Vanillezucker
4 Eier
abgeriebene Schale einer Orange
75 g Mehl
50 g Speisestärke
2 Teelöffel Backpulver
200 g Kokosraspeln

Zubereitung:

Aus den Zutaten einen Rührteig herstellen. Zum Schluss die Kokosraspeln unterrühren. Den Teig in eine gefettete Kastenform füllen und im vorgeheizten Backofen bei 175 Grad ca. 55 Minuten backen.

FRISCHKÄSE-HÖRNCHEN

Zutaten:
(ca. 24 Hörnchen)

Teig:
400 g Mehl
250 g weiche Butter
200 g Frischkäse
2 Eigelb

Füllung:
250 g gemahlene Haselnüsse
200 g Zucker
etwas süße Sahne
2 Eiweiß

Zubereitung:
Alle Teigzutaten zu einem glatten Teig kneten, kaltstellen. Für die Füllung die gemahlenen Haselnüsse, Zucker und Sahne vermischen, das steifgeschlagene Eiweiß unterziehen. Den Teig auf einer bemehlten Arbeitsfläche auswellen, in Dreiecke schneiden, mit der Füllung bestreichen und zu Hörnchen aufrollen. Diese auf ein mit Back-Trennpapier ausgelegtes Backblech geben. Im vorgeheizten Backofen bei 180 Grad ca. 30 Minuten backen. Vor dem Servieren Puderzucker darüberstäuben.

MANDELKUCHEN

Zutaten:

Teig:

600 g Mehl

1/2 Päckchen Backpulver

150 g Zucker

2 Eier

4 Esslöffel saure Sahne

250 g Butter

Belag:

150 g Butter

200 g Zucker

2 Päckchen Vanillezucker

6 Eier

abgeriebene Schale einer Zitrone

300 g gemahlene Mandeln

60 g Mehl

1 Teelöffel Backpulver

50 g süße Sahne

100 g Aprikosenmarmelade

Zubereitung:

Alle Teigzutaten zu einem Mürbteig verarbeiten, kaltstellen. Den Teig auf einer bemehlten Arbeitsfläche auswellen, auf ein gefettetes Backblech legen und mehrmals mit der Gabel einstechen. Im vorgeheizten Backofen bei 200 Grad 15 Minuten vorbacken. Butter, Zucker, Vanillezucker, Eier, Zitronenschale und Mandeln gut verrühren. Mehl mit Backpulver vermischt, sowie die Sahne unterrühren. Den vorgebackenen Kuchen mit der Aprikosenmarmelade bestreichen, den Belag darauf geben und glattstreichen. Im vorgeheizten Backofen bei 175 Grad ca. 40 Minuten fertig backen. Nach dem Erkalten den Kuchen in Stücke schneiden.

Hier wohnt der
große
Zwergenzauberer

PFLAUMENKUCHEN

Zutaten:
250 g Butter
220 g Zucker
1 Päckchen Vanillezucker
2 Eier
400 g Mehl
1 Päckchen Backpulver
400 ml Milch

2 kg entsteinte, geviertelte Pflaumen
etwas Zucker und Zimt

Zubereitung:
Alle Zutaten zu einem Rührteig verarbeiten. Den Teig auf ein gefettetes Backblech geben, glattstreichen. Mit den Pflaumen belegen, etwas Zucker und Zimt darüberstreuen. Im vorgeheizten Backofen bei 200 Grad ca. 45 Minuten backen.

ZWERGEN-ZAUBERKUCHEN

Zutaten:

5 Eigelb
1/8 l lauwarmes Wasser
250 g Zucker
1 Päckchen Vanillezucker
1/4 l Öl
375 g Mehl
1 Päckchen Backpulver
5 Eiweiß
2 Esslöffel Kakao

Zubereitung:

Eigelb, Wasser, Zucker und Vanillezucker schaumig schlagen. Öl und das mit Backpulver vermischte Mehl einrühren, steifgeschlagenes Eiweiß unterziehen. Die Hälfte des Teiges mit Kakao vermischen. Nun in die Mitte der gefetteten Springform immer auf die gleiche Stelle abwechselnd einen Löffel hellen und einen Löffel dunklen Teig geben, bis der Teig aufgebraucht ist. Je größer der Löffel desto breiter werden die Streifen. Im vorgeheizten Backofen bei 175 Grad ca. 50 Minuten backen. Den erkalteten Kuchen mit Kuvertüre verzieren.

KUNTERBUNTER ZWERGENKUCHEN

Zutaten:
250 g Butter
250 g Zucker
5 Eier
250 g Mehl
1 Päckchen Backpulver
etwas Milch

1 Päckchen Vanillesoßenpulver
1 Esslöffel Kakao
1 Päckchen grüne Götterspeise

Zubereitung:
Aus den Zutaten einen Rührteig herstellen.

Die Teigmasse in drei gleiche Mengen teilen. In das erste Drittel das Vanillesoßenpulver einrühren. In das zweite Drittel den Kakao und in den letzten Teil die Götterspeise. Den Teig schichtweise in eine gefettete Springform füllen. Im vorgeheizten Backofen bei 200 Grad ca. 60 Minuten backen.

SCHMETTERLINGE

Zutaten:
(ca. 8 Schmetterlinge)

Teig:
100 g Butter
100 g Zucker
2 Eier
150 g Mehl
1 Teelöffel Backpulver
3 Esslöffel Kakao
etwas Milch

Creme:
50 g Butter
150 g Puderzucker
2 Teelöffel Kakao
1 Esslöffel Milch

Muffinförmchen

Zubereitung:
Aus den Teigzutaten einen Rührteig herstellen. Die Muffinförmchen jeweils zur Hälfte mit Teig füllen und im vorgeheizten Backofen bei 200 Grad ca. 15 Minuten backen. Für die Creme Butter mit der Hälfte des Puderzuckers verrühren. Kakao, Milch, restlichen Puderzucker zufügen, steifschlagen.

Nun aus den abgekühlten Küchlein die Schmetterlinge gestalten. Für die Schmetterlingsflügel aus der Mitte eines jeden Küchleins einen flachen Kegel herausschneiden und halbieren. Anschließend wird die Creme als Schmetterlingskörper rosettenförmig in die Mitte der kleinen Kuchen gespritzt und die Flügel vorsichtig daraufgesetzt. Zum Schluss Puderzucker darüberstäuben.

SCHOKOLADEN-TORTE

Zutaten:

Teig:

3 Eigelb
3 Esslöffel lauwarmes Wasser
100 g Puderzucker
1 Päckchen Vanillezucker
50 g Mehl
50 g Speisestärke
1/2 Teelöffel Backpulver
3 Eiweiß

Creme:

3 Becher süße Sahne
3 Päckchen Vanillezucker
250 g Vollmilchschokolade
250 g Zartbitterschokolade

Zubereitung:

Aus den Teigzutaten einen Biskuit herstellen. Alle Creme-Zutaten in einen Topf geben, unter Rühren die Schokolade zum Schmelzen bringen. Über Nacht in den Kühlschrank stellen und am nächsten Tag steifschlagen. Die Creme auf den Biskuitboden geben und glattstreichen. Nach Belieben mit Schokostreusel, Schokolinsen, kleinen Plätzchen, Pralinen usw. dekorieren.

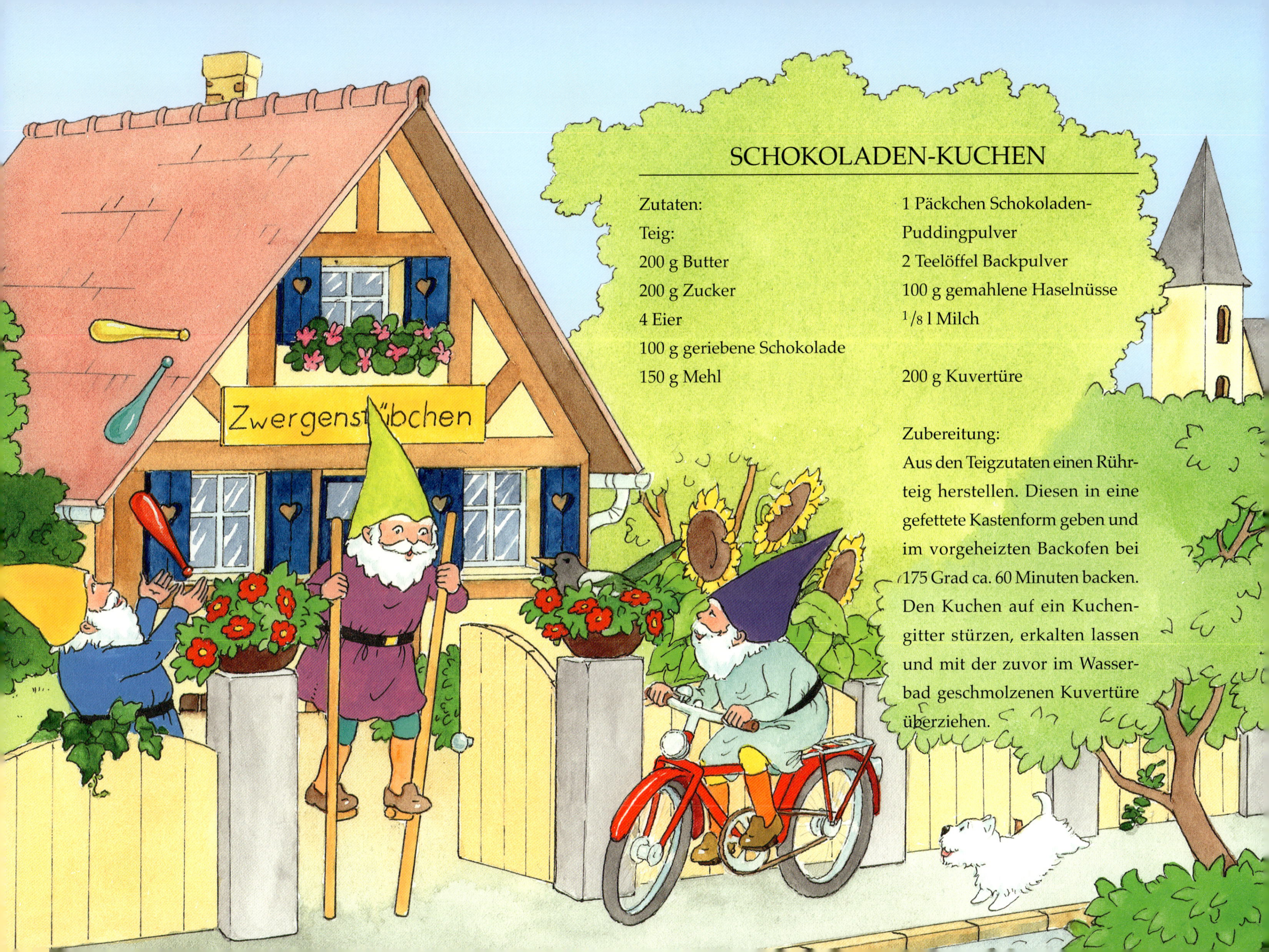

SCHOKOLADEN-KUCHEN

Zutaten:

Teig:

200 g Butter

200 g Zucker

4 Eier

100 g geriebene Schokolade

150 g Mehl

1 Päckchen Schokoladen-Puddingpulver

2 Teelöffel Backpulver

100 g gemahlene Haselnüsse

$^{1}/_{8}$ l Milch

200 g Kuvertüre

Zubereitung:

Aus den Teigzutaten einen Rührteig herstellen. Diesen in eine gefettete Kastenform geben und im vorgeheizten Backofen bei 175 Grad ca. 60 Minuten backen. Den Kuchen auf ein Kuchengitter stürzen, erkalten lassen und mit der zuvor im Wasserbad geschmolzenen Kuvertüre überziehen.

APFELKUCHEN

Zutaten:

Teig:

250 g Mehl

1/4 Teelöffel Backpulver

125 g Zucker

1 Ei

150 g Butter

Belag:

800 g Äpfel

60 g Zucker

etwas Zimt

150 g Butter

125 g Zucker

1 Päckchen Vanillezucker

1 Ei

100 g Mehl

1/4 l süße Sahne

1 Esslöffel gemahlene Mandeln

1 Esslöffel Zucker

50 g gehobelte Mandeln

Zubereitung:

Alle Teigzutaten zu einem Mürbteig verarbeiten, kaltstellen. Äpfel schälen, vierteln, das Kerngehäuse herausnehmen, danach Zucker und Zimt untermischen, zugedeckt gut durchziehen lassen.

Butter, Zucker, Vanillezucker, Ei schaumig schlagen, das Mehl einrühren und die steifgeschlagene Sahne unterheben. Nun den Teig auf einer bemehlten Arbeitsfläche auswellen, in die Springform geben, am Rand ca. 3 cm hochziehen.

Gemahlene Mandeln über den Teigboden streuen. Die Äpfel kranzförmig, dicht nebeneinander darauflegen. Die cremige Masse auf die Äpfel geben, gleichmäßig verstreichen, mit Zucker und Mandeln bestreuen. Im vorgeheizten Backofen bei 175 Grad ca. 60 Minuten backen. Den Kuchen in der Form erkalten lassen.

BEERENKUCHEN

Zutaten:

Teig:

125 g Butter
75 g Zucker
1 Päckchen Vanillezucker
1 Ei
125 g Mehl
1/2 Teelöffel Backpulver
100 g gemahlene Mandeln
etwas Milch

Belag:

500–750 g Beeren
z. B. Johannisbeeren,
Heidelbeeren

Guss:

3 Eigelb
75 g Zucker
1/2 Teelöffel Zimt
1 Becher Crème fraîche
3 Eiweiß

Zubereitung:

Aus den Teigzutaten einen Rührteig herstellen. Diesen in eine gefettete Springform füllen, glattstreichen und im vorgeheizten Backofen bei 175 Grad 30 Minuten vorbacken. Für den Guss Eigelb und Zucker cremig schlagen, Zimt und Crème fraîche einrühren, das steifgeschlagene Eiweiß unterziehen. Auf dem vorgebackenen Kuchen die Beeren verteilen und den Guss darüberstreichen. Den Kuchen bei 175 Grad weitere ca. 30 Minuten backen. Vor dem Servieren mit Puderzucker bestäuben.

ZWERGENLUTSCHER

Zutaten:
(ca. 12 Lutscher)

Teig:
175 g Mehl
1/2 Teelöffel Backpulver
70 g Zucker
1 Päckchen Vanillezucker
3 1/2 Esslöffel Milch
60 g Butter

Dekoration:
verschiedene Marmeladensorten z. B. Erdbeer-, Aprikosen-, Brombeermarmelade

Glasur:
150 g Puderzucker
3 Esslöffel Wasser
ein großes, rundes oder rundgewelltes Ausstecherförmchen,
verschiedene ganz kleine Ausstecherförmchen
ca. 12 Holzstäbchen

Zubereitung:
Alle Zutaten zu einem Mürbteig verarbeiten, kaltstellen.

Den Teig auf einer bemehlten Arbeitsfläche ca. 1/2 cm dick auswellen und mit dem großen Ausstecherförmchen 12 Kreise ausstechen. Diese auf ein mit Back-Trennpapier ausgelegtes Backblech legen, Marmelade darüberstreichen und die Holzstäbchen vorsichtig in den Teig eindrücken. Nun mit den verschiedenen kleinen Ausstecherförmchen aus dem restlichen Teig Motive ausstechen und auf die mit Marmelade bestrichenen Kreise setzen.

Die Lutscher im vorgeheizten Backofen bei 180 Grad ca. 12 Minuten backen. Aus Puderzucker und Wasser eine dickflüssige Glasur rühren, damit die erkalteten Zwergenlutscher hübsch verzieren.

Hefeteig-Zubereitung

Mehl in eine Schüssel sieben. In die Mitte eine Mulde drücken, Hefe hineinbröckeln, etwas Zucker darüberstreuen. Hefe und Zucker mit etwas lauwarmer Milch glatt rühren, mit Mehl bestäuben. Die Schüssel mit einem Geschirrtuch abdecken. Den Vorteig ca. 15 Minuten gehen lassen.
Restliche Milch, weiche Butter, Zucker oder Salz, Eier dazugeben, zu einem glatten Teig kneten, so lange abschlagen, bis er Blasen wirft, sich von der Schüssel löst und glänzt. Den Teig mit einem Tuch abdecken und bei Zimmertemperatur etwa 1 Stunde gehen lassen (bis er sich verdoppelt hat). Nochmals durchkneten, entsprechend dem jeweiligen Rezept weiterverarbeiten.

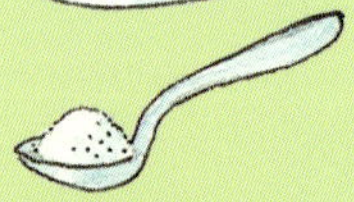

Biskuitteig-Zubereitung

Eigelb, lauwarmes Wasser, Zucker, Salz zu einer dicken, schaumigen Masse rühren. Das sehr steif geschlagene Eiweiß auf die Eigelbmasse geben. Darüber das mit Backpulver und Speisestärke vermischte Mehl sieben. Alles vorsichtig unter die Eigelbmasse ziehen. Den Teig in eine mit Pergamentpapier ausgelegte Springform füllen. Im vorgeheizten Backofen bei 175 Grad backen. Danach den Biskuit auf ein Kuchengitter legen, gut auskühlen lassen, anschließend das Pergamentpapier entfernen. Weiterverarbeitet wird der Biskuit wie im Rezept angegeben.

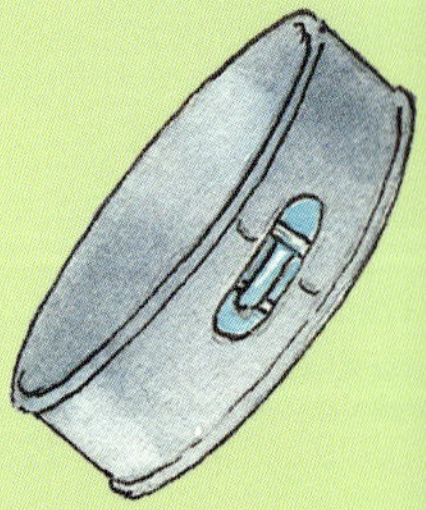
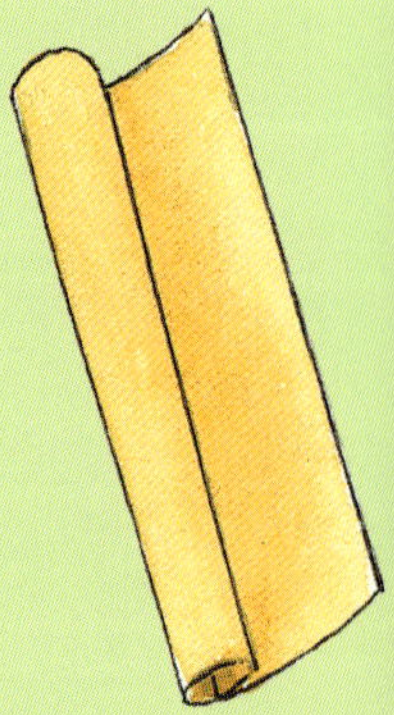
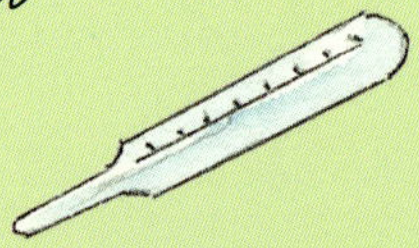

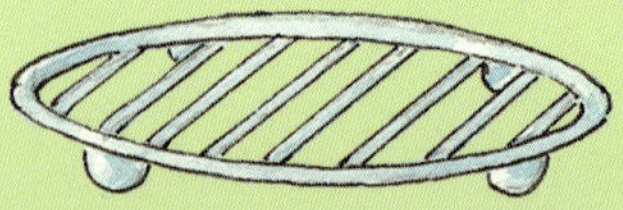

Rührteig-Zubereitung

Alle Zutaten sollten Zimmertemperatur haben. Die Butter schaumig schlagen, abwechselnd Zucker, Eier dazugeben, zu einer cremigen Masse rühren. Nach und nach das gesiebte, mit Backpulver vermischte Mehl zusammen mit der Milch einrühren. Den Teig in eine gefettete Backform füllen und dem jeweiligen Rezept entsprechend im vorgeheizten Backofen backen.

Mürbteig-Zubereitung

Das Mehl auf eine Arbeitsfläche sieben. In die Mitte eine Vertiefung drücken, Zucker und Ei hineingeben, mit etwas Mehl verrühren. Auf den Mehlrand die kalte, kleingeschnittene Butter legen, alles zu einem glatten Teig kneten. Diesen zugedeckt etwa 1 Stunde bis zur Weiterverarbeitung in den Kühlschrank stellen.

INHALT Seite

REZEPTE

Verantwortlich: Elke und Timo Schuster
Illustration: Eva Zeidler und Manfred Rohrbeck
Fotografie: Axel Waldecker

Bibliografische Information der Deutschen Bibliothek
Die Deutsche Bibliothek verzeichnet diese Publikation in der Deutschen Nationalbibliografie; detaillierte bibliografische Daten sind im Internet über http://dnb.ddb.de abrufbar.

1. Auflage 2018

Druck und Bindung: DZS Grafik
ISBN 978-3-7806-2022-4

www.zwergenstuebchen-schuster.de

Die erfolgreichen

Elke und Timo Schuster
Margret Hoss
Aufläufe & Co.
64 S. / gebunden
29,7 x 21 cm
€ (D) 9,95 € (A) 10,30
ISBN 978-3-7806-2001-9

Elke und Timo Schuster
Johanna Ignjatovic
Backgeheimnisse
64 S. / gebunden
29,7 x 21 cm
€ (D) 9,95 € (A) 10,30
ISBN 978-3-7806-2000-2

Elke und Timo Schuster
Margret Hoss
Geburtstagsbuch
64 S. / gebunden
29,7 x 21 cm
€ (D) 9,95 € (A) 10,30
ISBN 978-3-7806-2010-1

Elke und Timo Schuster
E. Zeidler und M. Rohrbeck
Backbuch
64 S. / gebunden
29,7 x 21 cm
€ (D) 9,95 € (A) 10,30
ISBN 978-3-7806-2011-8

Elke und Timo Schuster
E. Zeidler und M. Rohrbeck
Familienküche
48 S. / gebunden
29,7 x 21 cm
€ (D) 9,95 € (A) 10,30
ISBN 978-3-7806-2032-3

Elke und Timo Schuster
Margret Hoss
Backen für Freunde
64 S. / gebunden
29,7 x 21 cm
€ (D) 9,95 € (A) 10,30
ISBN 978-3-7806-2004-0

Elke und Timo Schuster
E. Zeidler und M. Rohrbeck
Bäckerei
48 S. / gebunden
29,7 x 21 cm
€ (D) 9,95 € (A) 10,30
ISBN 978-3-7806-2022-4

Koch- und Backbücher

Elke und Timo Schuster
Margret Hoss
Kartoffelkiste
64 S. / gebunden
29,7 x 21 cm
€ (D) 9,95 € (A) 10,30
ISBN 978-3-7806-2003-3

Elke und Timo Schuster
Margret Hoss
Feine Waffeln - Tolle Muffins
64 S. / gebunden
29,7 x 21 cm
€ (D) 9,95 € (A) 10,30
ISBN 978-3-7806-2023-1

Elke und Timo Schuster
Margret Hoss
Kochen für Freunde
64 S. / gebunden
29,7 x 21 cm
€ (D) 9,95 € (A) 10,30
ISBN 978-3-7806-2005-7

Elke und Timo Schuster
Margret Hoss
Nudelzauber
64 S. / gebunden
29,7 x 21 cm
€ (D) 9,95 € (A) 10,30
ISBN 978-3-7806-2002-6

Elke und Timo Schuster
Margret Hoss
Feine Waffeln – Tolle Muffins
64 S. / gebunden
29,7 x 21 cm
mit Muffinförmchen
€ (D) 14,95 € (A) 15,40
ISBN 978-3-7806-1073-7

Mit schönen Etiketten zum Beschriften

Elke und Timo Schuster
Eva Zeidler und Manfred Rohrbeck / Margret Hoss
Lieblings-Kochrezepte
48 S. / gebunden / mit Stickern
26,8 x 19 cm
€ (D) 10,00 € (A) 10,30
ISBN 978-3-7806-2025-5

Elke und Timo Schuster
Eva Zeidler und Manfred Rohrbeck / Margret Hoss
Lieblings-Backrezepte
48 S. / gebunden / mit Stickern
26,8 x 19 cm
€ (D) 10,00 € (A) 10,30
ISBN 978-3-7806-2027-9

Elke und Timo Schuster
E. Zeidler und M. Rohrbeck
Pfannkuchen & Co.
64 S. / gebunden
29,7 x 21 cm
€ (D) 9,95 € (A) 10,30
ISBN 978-3-7806-2007-1

Elke und Timo Schuster
Margret Hoss
Salate
64 S. / gebunden
29,7 x 21 cm
€ (D) 9,95 € (A) 10,30
ISBN 978-3-7806-2024-8

Elke und Timo Schuster
Margret Hoss
Suppen & Eintöpfe
64 S. / gebunden
29,7 x 21 cm
€ (D) 9,95 € (A) 10,30
ISBN 978-3-7806-2015-6

Elke und Timo Schuster
Margret Hoss
Reisküche
64 S. / gebunden
29,7 x 21 cm
€ (D) 9,95 € (A) 10,30
ISBN 978-3-7806-2009-5

Elke und Timo Schuster
Margret Hoss
Süße Früchte
64 S. / gebunden
29,7 x 21 cm
€ (D) 9,95 € (A) 10,30
ISBN 978-3-7806-2019-4

Elke und Timo Schuster
Margret Hoss
Torten-ABC
64 S. / gebunden
29,7 x 21 cm
€ (D) 9,95 € (A) 10,30
ISBN 978-3-7806-2014-9

Elke und Timo Schuster
Margret Hoss
Rezepte für Feste
64 S. / gebunden
29,7 x 21 cm
€ (D) 9,95 € (A) 10,30
ISBN 978-3-7806-2021-7

Elke und Timo Schuster
E. Zeidler und M. Rohrbeck
Zauberhafte Backrezepte
64 S. / gebunden
29,7 x 21 cm
€ (D) 9,95 € (A) 10,30
ISBN 978-3-7806-2026-2

Elke und Timo Schuster
E. Zeidler und M. Rohrbeck
Plätzchen
mit Ausstechförmchen
64 S. / gebunden / 38,2 x 22,2 cm
€ (D) 14,95 € (A) 15,40
ISBN 978-3-7806-1074-4

ohne Förmchen
64 S. / gebunden / 29,7 x 21 cm
€ (D) 9,95 € (A) 10,30
ISBN 978-3-7806-2013-2

Elke und Timo Schuster
E. Zeidler und M. Rohrbeck
Himmlische Backstube
mit Ausstechförmchen
64 S. / gebunden / 38,2 x 22,2 cm
€ (D) 14,95 € (A) 15,40
ISBN 978-3-7806-1095-9

ohne Förmchen
64 S. / gebunden / 29,7 x 21 cm
€ (D) 9,95 € (A) 10,30
ISBN 978-3-7806-2012-5

Elke und Timo Schuster
Margret Hoss
Weihnachtsbäckerei
mit Ausstechförmchen
64 S. / gebunden / 38,2 x 22,2 cm
€ (D) 14,95 € (A) 15,40
ISBN 978-3-7806-1070-6

ohne Förmchen
64 S. / gebunden / 29,7 x 21 cm
€ (D) 9,95 € (A) 10,30
ISBN 978-3-7806-2006-4

Elke und Timo Schuster
M. Hoss / D. Pohl
Lieblings-Weihnachtsrezepte
48 S. / gebunden / 26,8 x 19 cm
€ (D) 9,95 € (A) 10,30
ISBN 978-3-7806-2033-0

Meine Backrezepte